AF298960

BACADA,

ou
NOUVELLE MÉTHODE DE LECTURE

FONDÉE SUR DES PROCÉDÉS SIMPLES,

ET

REMARQUABLE PAR SES PROMPTS RÉSULTATS;

PAR GERFAUX, INSTITUTEUR.

> Nous ne savons jamais nous mettre à la
> place des enfans; nous n'entrons pas dans
> leurs idées, nous leur prêtons les nôtres; et
> suivant toujours nos propres raisonnemens,
> avec des chaines de vérités, nous n'entassons
> qu'extravagance et qu'erreur dans leur tête.
> (J.-J. ROUSSEAU, *Émile*, liv. III.)

PARIS,

Chez l'AUTEUR, rue Neuve-de-Richelieu, nº 1, donnant place Sorbonne;
GARNIER, libraire, au Palais-Royal, vis-à-vis la cour des Fontaines, nº 1.

DÉPOTS:

Chez DAIX, quai des Orfèvres, nº 4;
RAIMOND, cartonnier, au Carrousel, en face le pavillon Lepelletier.

—

1833.

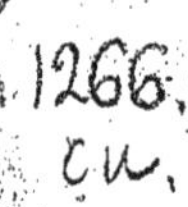

Les exemplaires non revêtus de ma signature, seront réputés contrefaits. *[signature]*

INTRODUCTION.

Loin de moi l'idée de vouloir faire un appel à la crédulité publique par une méthode promettant pompeusement des succès prodigieux en peu de leçons ; ce que l'expérience et mon intérêt m'ont fait pratiquer dans mon établissement, n'est point une jonglerie de charlatan ; la connaissance de la lecture ne se vend pas comme un habit et ne peut pas se livrer à jour fixe, mais elle s'acquiert par l'application, par un travail bien dirigé, et avec d'autant plus de promptitude que la méthode dirigeante sera plus parfaite et plus appropriée à l'inattentive et faible intelligence qu'il faut fixer et développer.

On apprend à lire avec toutes sortes de méthodes, mais il ne s'ensuit pas qu'elles soient toutes également bonnes ; celle-là seule l'est qui conduit droit au but, et la meilleure est celle qui exige le moins de fatigue et de temps. Le mécanisme de la lecture, roulant sur des syllabes privées de *sens*, des *abstractions*, est un travail fastidieux pour le maître, et surtout répugnant à l'imagination active et légère des enfans ; c'est applanir les difficultés de cette étude, en simplifiant ce mécanisme, en l'appropriant à l'enfance, de manière à lui dérober toute la sécheresse de cet apprentissage.

L'expérience m'a démontré que la meilleure méthode est celle qui va du simple au composé, du connu à l'inconnu, qui gradue le système syllabique de telle sorte que l'enfant puisse passer d'une syllabe connue à une inconnue, sans presque s'apercevoir de l'effort qu'il est obligé de faire pour cette opération. Telle est l'opinion que je me suis formée sur la lecture pendant dix ans consacrés à l'enseignement primaire, en observant comment les enfans parvenaient à la connaissance de la lecture, les difficultés qu'ils rencontraient, par quels moyens ils surmontaient ces difficultés, d'autant plus grandes que la plupart des hommes ne les regardent point comme telles. Ces observations m'ont conduit insensiblement à la découverte de mon système ; je l'ai mis en pratique dans mon externat, et les résultats que j'en ai obtenus et que j'en obtiens encore, ont parfaitement répondu à mon attente. La plupart de ceux qui se sont occupés de cette partie de l'enseignement primaire se sont éloignés, dans leurs méthodes, du but qu'ils désiraient atteindre ; les uns, en ne s'arrêtant pas assez sur le syllabaire, et passant à des lectures offrant des syllabes dont les enfans n'ont aucune idée ; les autres, en s'étendant savamment sur les syllabes mais sans aller du simple au composé, et les compliquant au point de les rendre pour les enfans un véritable chaos ; d'autres enfin , en pratiquant d'abord la lecture pour ensuite faire connaître les syllabes. Ni les uns , ni les autres , ne m'ont paru avoir découvert la véritable route pour aller droit au but.

J'ai tâché d'éviter les défauts des uns , en formant un syllabaire simple , mnémotechnique , et présentant presque toutes les syllabes possibles ; et ceux des autres , en faisant marcher ensemble la théorie et la pratique , en allant à la découverte de l'une à l'aide de l'autre , et en les faisant concourir simulta- nément au développement de la mémoire et de l'intelligence des enfans.

Ma méthode convient à tous les âges, s'applique à tous les modes d'enseigne- ment , soit *mutuels* , soit *simultanés* , soit *individuels*. Tout enfant sachant passablement parler , est capable d'apprendre à lire ; il ne s'agit que de lui ap- prendre les signes conventionnels et de lui en faire faire l'application aux mots que son intelligence connaît déjà : ces signes sont de deux espèces , *phoniens* ou voyelles , *symphoniens* ou consonnes ; j'appelle les premiers *monophoniens* quand ils sont représentés par une seule lettre , *polyphoniens* quand ils sont représentés par plusieurs lettres ; j'appelle les seconds signes *monosymphoniens* quand ils sont représentés par une seule lettre , et *polysymphoniens* quand ils sont représentés par plusieurs. Avec ces signes , nous obtenons les syllabes de quatre manières :

1° Les *phoniennes* seules, comme : a , an , ou , oi.

2° Les *phoniennes* précédées des *symphoniennes*, comme : ba, ban, cou, choi.

3° Les *phoniennes* suivies des *symphoniennes*, comme : ab, al , ous, ul.

4° Les *phoniennes* entre deux *symphoniennes*, comme : bal, crac, cour, choir.

Le premier numéro est une étude des signes conventionnels considérés iso- lément.

Les nᵒˢ 2, 3, 4, 5, sont une étude des combinaisons des *symphoniennes*, ou consonnes suivies ou précédées des *monophoniennes* , ou voyelles représentées par une seule lettre.

Le nᵒ 6 est une étude spéciale des *polyphoniennes* , ou voyelles composées au nombre desquelles j'ai mis ent, aient, troisièmes personnes plurielles des verbes, *nt* ne se prononçant ni dans l'un ni dans l'autre cas, à moins d'une liaison, *ce que l'enfant doit ignorer pour l'instant*; je regarde le premier signe comme un *e muet*, le second comme un *è ouvert* ; pour que les enfans s'habituent à ne pas confondre le premier signe avec *ent* dont le son est égal à *an*, il faut dire que , quand on peut mettre *ils* avant le mot, la syllabe se prononce *e*.

J'ai mis *L* mouillé dans ce tableau, non que je regarde cette combinaison comme une voyelle composée, mais parce qu'il est essentiel d'y habituer l'enfant, à cause de la difficulté qu'offre cette combinaison; en un mot, je regarde ce tableau comme très important, et je ne saurais trop recommander de le rendre familier aux enfans à cause de son indispensable nécessité pour l'étude des numéros suivans.

J'ai omis dans les derniers numéros les *symphoniennes* qui présentent peu de combinaisons, soit qu'elles soient suivies ou précédées des *phoniennes*.

Le casement de mon syllabaire offre l'avantage d'être étudié par plusieurs procédés; voici ceux que je regarde comme les meilleurs : je prends pour exemple le numéro 2.

1° Faire lire verticalement, comme : ba, be, bi, bo, bu, ca, ce, ci, co, cu, etc.

2° Faire lire horizontalement, comme : ba, ca, da, fa, ga, etc.

3° Prendre isolément les syllabes sur les lignes verticales, comme ba, bi, ce, cu, di, do, etc.

4° Prendre isolément les syllabes sur les lignes horizontales, comme ba, di, na, ge, etc.

5° Faire lire à plusieurs enfans à la fois, à haute voix, l'un ou l'autre de ces quatre procédés.

Lorsque l'enfant est sûr des syllabes par ces cinq procédés, le faire passer à l'étude de l'exercice; s'il ne peut pas lire le mot *babiole*, il faut lui montrer les quatre syllabes sur leur casement, et lui faire ainsi comprendre que les mots des exercices ne sont que des combinaisons du syllabaire placé au-dessus ou déjà étudié, car j'ai eu soin, à l'exception de quelques syllabes, de ne mettre que des mots offrant des syllabes déjà étudiées. Quand l'enfant sera parvenu à nommer les syllabes d'un tableau sans hésiter, le faire passer à un autre, etc. Voilà la marche commune à l'étude de tous les numéros de mon syllabaire.

Dès l'année 1534, un habitant de Marbourg proposa d'apprendre à lire sans épellation. De nos jours, MM. Lemarre, Bebian, Lafforre, Mialle, Durivau, Lamotte, Peigné, etc., ont tous donné des méthodes plus ou moins propres à écarter l'épellation; je tends aussi au même but; je regarde l'épellation comme une perte de temps, et surtout comme un grand obstacle dans les syllabes où les signes n'ont aucune analogie avec les sons qu'on leur donne; mon opinion est donc surtout de ne point faire épeler les *polyphoniennes* ou *voyelles représentées par plusieurs lettres*, ainsi que *L* mouillé, *ph*, *ch*, *gn*, et d'habituer les enfans à prononcer toutes les consonnes, soit simples, soit composées, comme si elles étaient suivies de *e muet*.

L'étude de la lecture n'étant qu'une connaissance sûre et soudaine des syllabes dans quelques combinaisons qu'elles se rencontrent, mes tableaux, quoique peu nombreux, offrant cependant, comme on peut s'en convaincre, la presque totalité des syllabes, leur casement graduel étant extrêmement simple, mnémotechnique, et n'offrant point les inconvéniens de la routine, par la diversité des procédés qu'il donne, fort du témoignage des succès que ma méthode m'a procurés, je puis assurer que l'enfant qui connaîtra mon syllabaire pourra lire couramment, non-seulement des textes simples, mais encore les noms propres les plus rares et les plus difficiles. Je crois donc avoir offert un système nouveau et capable de produire de bons résultats, et d'avoir rendu un grand service à l'enfance, en lui épargnant des pleurs que ne lui font que trop souvent verser des méthodes qui ne sont pour elle que de l'hébreu. Mon syllabaire a pour résultat ultérieur de faciliter singulièrement l'étude de l'orthographe.

J'ai eu soin de diminuer, autant que possible, les travaux de la mémoire; j'ai écarté les exceptions pour ne m'attacher qu'aux lois générales; mais lorsque ces lois sont bien connues, on peut entrer dans les détails et donner connaissance des exceptions, au fur et à mesure qu'elles se présentent; d'ailleurs, l'enfant les connaît déjà par l'usage qu'il fait des mots qui s'éloignent de la prononciation générale. Je laisse même l'enfant prononcer ce, ci, ge, gi, comme ke, ki, gue, gui; lorsqu'il arrive à la lecture courante, l'oreille lui fait quitter bien vite cette prononciation. Au reste, les maîtres qui feront usage de ma méthode et qui en prendront douze exemplaires, pourront venir voir comment je la pratique dans mon externat, ou me faire demander dans leurs établissemens, je satisferai leurs désirs, quels qu'ils soient.

Le même signe n'ayant pas dans notre langue toujours la même valeur, et des signes différens remplissant souvent la même fonction, il en résulte des difficultés telles qu'elles déroutent les enfans et les dégoûtent d'un apprentissage aussi repoussant. J'ai cherché à diminuer ces difficultés, en casant successivement tous les sons semblables ou équivalens, mais représentés par des signes différens, et en plaçant en tête le son simple ou *monophonien,* et allant par son secours à la découverte des sons équivalens; je crois que c'est le moyen le plus prompt à habituer les enfans avec ces bizarreries de notre langue, dont nous n'avons pas encore osé nous débarrasser.

N° 1.

Syllabaire monophonien, représenté par une seule lettre.

a e é è i y o u

Syllabaire polyphonien, représenté par deux lettres et plus, suivi de L *mouillé.*

a e e è è ê

» an en » *ent* eu œu » ei ai

è i o o o oa

aie*nt* » in ain ein » au eau oi

u alie elie ilie

oin on ou » un ail eil il

oulie eulie.

ouil euil.

Articulations monosymphoniennes, représentées par une seule lettre.

» b c d » f g h » j k l m n »

p qu r s t » v x » z.

Articulations polysymphoniennes, représentées par deux lettres et plus.

bl cl fl pl pn ps pt sb sc

f fl

sl sm sp spl squ st ph phl rh

gnie

th thl sph ch sch gn br cr

chr dr fr phr gr pr tr thr vr

scr spr str.

N.º 2.

Syllabaire à articulations monosymphoniennes et direct, représenté par une seule lettre suivie d'une monophonienne.

a	b	c	d	e	f	g	h	i	j	k	l	m	n	o	p	q	r	s	t	u	v	x	y	z
a	ba	ca	da	fa	ga	ha	ja	ka	la	ma	na	pa	qua	ra	sa	ta	va	xa	za.					
e	be	ce	de	fe	ge	he	je	ke	le	me	ne	pe	que	re	se	te	ve	xe	ze.					
i	bi	ci	di	fi	gi	hi	ji	ki	li	mi	ni	pi	qui	ri	si	ti	vi	xi	y	zi.				
o	bo	co	do	fo	go	ho	jo	ko	lo	mo	no	po	quo	ro	so	to	vo	xo	zo.					
u	bu	cu	du	fu	gu	hu	ju	ku	lu	mu	nu	pu	quu	ru	su	tu	u	vu	xu	zu.				

EXERCICE SUR LE N° 2.

Ba-bi-o-le, ba-ga-re, ba-di-ne, ba-gue, ba-ra-que, ba-sa-ne, ba-si-li-que, ca-ba-ne, ca-ba-le, ca-ca-o, ca-fé, ca-ve, ca-pu-ci-ne; da-da, da-li-la, da-na-ï-de; fa-na-ge, fa-ta-le; ga-la, ga-ba-ti-ne, ga-za; ha-bi-ta, ha-la-ge; ja-te, ja-ve-li-ne; ka-ra-bé, ka-zi-ne; la-mé, la-te; ma-da-me, ma-la-de, ma-té-ri-a-li-té, ma-tu-ri-té; na-na, na-ni-ne, na-sa-le, na-va-le, na-vi-re; pa-pa, pa-la-ti-ne, pa-na-de, pa-ra-de; qua-li-té, qua-si-mo-do, ra-ce, ra-de, ra-pi-de, ra-sa-de; sa-la-de, sa-va-te; ta-ba-ti-è-re; va-se; ta-pe, je ne de-si-re que le ba-di-na-ge; be-sa-ce, bi-è-re, bi-pé-da-le, ci-vi-que, di-re, fi-le, fi-xe, gui-de, ki-lo-go-ne, li-mo-na-de, li-mi-te, pi-pe, pi-lo-ta-ge, pi-ra-te, pi-ro-gue, qui-é-tu-de, qui-ne, qui-va-là, fé-li-ci-té, ti-ra-de, ti-sa-ne, vi-va-ci-té, zi-za-ni-e; bo-bo, bo-ca-ge, bo-ta-ni-que, do-ru-re, do-mi-ci-le, co-mé-di-e, co-lo-ni-e, co-li-que, co-mi-que, fo-li-e, ho-mi-ci-de, jo-li, lo-te-ri-e, mo-ka, mo-no-po-le, mo-ra-li-té, mo-lé-cu-le, mo-no-lo-gue, mo-no-to-ne, mo-za-ra-be, no-to-ri-é-té, no-so-lo-gi-e, po-li, po-pu-la-ce, po-ro-si-té, po-ta-ge, quo-co-lo, quo-ti-té, ro-bo-ra-ti-ve, ro-sa-ce, ro-tu-re, so-fa, so-li-lo-que, to-pa-ze, to-que, vo-gue, vo-ra-ci-té, vo-lu-me, zô-ne, zo-di-a-que, bu-ba-le, bu-co-li-que, bu-le, cu-ba, cu-lo-te, cu-re, du-pe, du-re-té, fu-gue, fu-ri-e, gu-se, hu-ma-ni-té, hu-mi-di-té, ju-bi-lé, ju-di-ca-tu-re, lu-na-ti-que, lu-xu-re, mu-si-que, mu-ti-ne-ri-e, mo-bi-le, nu-mé-ro, pu-di-que, pu-re-té, ru-ba-ne-ri-e, ru-ra-le, ru-se, su-a-vi-té, su-do-ri-fi-que, su-bi-te, su-pé-ri-o-ri-té, tu-be, tu-bé-ro-si-té, tu-li-pe, re-vu.

Pa-pa me pu-ni-ra si je ne lis pas la pa-ge du jo-li pe-tit li-vre, et ma pe-ti-te ca-ma-ra-de ne me mè-ne-ra pas à la pro-me-na-de.

N° 3.

Syllabaire à articulations monosymphoniennes, inverse, représenté par une seule lettre précédée d'une monophonienne.

	a	b	c	d	e	f	g	h	i j	k	l	m	n	o	p	q	r	s	t	u	v	x	y z
a	ab	ac	ad		af	ag	ah		aj	ak	al	am	an		ap	aq	ar	as	at		av	ax	az.
e	eb	ec	ed	ef	eg	eh		ej	ek	el	em	en		ep	eq	er	es	et		ev	ex		ez.
i	ib	ic	id		if	ig	ih		ij	ik	il	im	in		ip	iq	ir	is	it		iv	ix y	iz.
o	ob	oc	od		of	og	oh		oj	ok	ol	om	on	op	oq	or	os	ot		ov	ox		oz.
u	ub	uc	ud		uf	ug	uh		uj	uk	ul	um	un		up	uq	ur	us	ut		uv	ux		uz.

EXERCICE SUR LE N° 3.

Ab-so-lu, ab-ju-ré, ac-cu-sé, ac-te, ac-ti-vi-té, ac-tu-el, ad-ju-gé, ad-mi-ni-cu-le, ad-mi-ré, af-fa-bi-li-té, af-fi-ni-té, af-fu-ta-ge, al-bi, al-ca-de, al-ca-la, al-co-ve, al-ka-li, al-ga-ra-de, an-na-le, an-no-té, ap-pa-ru, ap-pé-tit, ap-po-se-ra, ap-pe-lé, ap-ti-tu-de, ar-ba-lè-te, ar-bo-re, ar-gi-le, ar-go, ar-le-qui-na-de, ar-mu-re, ar-ri-va-ge, ar-ro-sa-ge, ar-ti-fi-ce, as-si-du, at-ta-qué, at-ti-tu-de, axe, ec-ty-pe, ef-fa-çu-re, ef-fi-ca-ce, el-lé-bo-re, en-ne-mi, en-né-a-go-ne, ep-ta-go-ne, er-mi-te, er-ro-né, ex-pi-é, ex-ta-se, ex-cu-se, ex-cè-de, ez-té-ri, il-li-ci-te, il-lu-mi-né, ig-ni-co-le, il-lé-ga-li-té, im-mo-bi-le, im-mé-di-a-te, im-mo-ra-li-té, ir-ré-gu-la-ri-té, ir-ma, ir-ré-so-lu, is-ra-ël, ir-ri-té, ob-si-di-o-na-le, ob-te-nu, ob-tu-se, oc-cu-pé, oc-ca-si-on-né, oc-ta-ve, oc-to-go-ne, of-fi-ce, op-po-sé, op-ti-que, or-bi-cu-le, or-bi-te, or-ca-nè-te, or-du-re, or-ga-ni-que, or-ti-e, os-si-fi-é, ot-to-ma-ne, oxi-gè-ne, oxi-go-ne, ul-cè-re, ur-ba-ni-té, ur-ne, ur-su-li-ne.

N° 4.

Syllabaire à articulations polysymphoniennes, ou composé et direct.

bl	cl	fl	gl	pl	pn	ps	pt	sb	sc	sl	sm	sp	spl	squ	st	ph	phl	sph	ch	sch	th	rh	gn
bla	cla	fla	gla	pla	pna	psa	pta	sba	sca	sla	sma	spa	spla	squa	sta	pha	phla	spha	cha	scha	tha	rha	gna
ble	cle	fle	gle	ple	pne	pse	pte	sbe	sce	sle	sme	spe	sple	sque	ste	phe	phle	sphe	che	sche	the	rhe	gne
bli	cli	fli	gli	pli	pni	psi	pti	sbi	sci	sli	smi	spi	spli	squi	sti	phi	phli	sphi	chi	schi	thi	rhi	gni
blo	clo	flo	glo	plo	pno	pso	pto	sbo	sco	slo	smo	spo	splo	squo	sto	pho	phlo	spho	cho	scho	tho	rho	gno
blu	clu	flu	glu	plu	pnu	psu	ptu	sbu	scu	slu	smu	spu	splu	squu	stu	phu	phlu	sphu	chu	schu	thu	rhu	gnu

EXERCICE SUR LE N° 4.

Blâ-ma-ble, blâ-me-ra, cla-que, cla-vi-cu-le, fla-mi-ne, fla-que, gla-ce, gla-nu-re, pla-ca-ge, pla-ta-ne, pla-to-ni-que, sca-ra-bé-e, sca-ri-fi-é, sca-ro-le, spa-gi-ri-que, spa-tu-le, sla-bre, sta-bi-li-té, sta-tu-re; blê-me, clé-ri-ca-tu-re, fle-xi-bi-li-té, glé-no-ï-de, plé-ni-tu-de, pneu-mo-ni-que, scé-lé-ra-te, slé-e, spé-ci-a-li-té, spé-ci-fi-que, sque-le-te, splé-ni-que, sté-ri-le, stè-re, sté-ré-o-ty-pe; cli-mat, cli-ni-que, cli-que-tis, pli-é, pti-lo-se, pty-a-la-go-gue, a-pte, psy-co-lo-gi-e, sbi-re, sci-a-tique, smi-lax, smil-le, e-spla-na-de, sta-ni-slas, squir-rhe, sti-pu-lé, blo-qué, blo-ti, clô-tu-re, flo-re, glo-ri-fi-é, glo-bu-le, di-plo-ma-tique, pso-ra, sco-ri-fi-é, spo-ra-de, sto-ï-que, blu-te-ri-e, clu-se, flû-te, flu-i-de, glu-ti-na-ti-ve, plu-me, plu-ra-li-té, spu-mo-si-té, stu-pi-di-té, pha-lè-ne, phâ-re, pha-ri-sa-ï-que, phé-no-mè-ne, phi-lo-so-phe, phi-lo-lo-gue, pho-la-de, pho-que, phy-si-que, phlé-bo-to-mi-sé, phlo-go-se, spha-cè-le, sphè-re, sta-phy-lo-me, cha-cu-ne, cha-ra-de, cha-ri-va-ri, cha-su-ble, che-mi-se, che-ve-lu-re, chi-ca-ne, chi-che, chi-co-ré-e, cho-co-lat, cho-ma-ge, cho-pi-ne, chu-cho-te-ri-e, chû-te, schall, schè-ne, schi-sme, schi-el-land, scho-e-nau; tha-li-e, tha-ly-sis, thé-a-thi-ne, thé-ba-ï-de, thé-i-è-re, li-thi-que, é-thi-que, a-pa-thi-que, pa-tho-lo-gi-e, li-tho-pha-ge, li-tho-phy-the, é-tho-pé-e, rha-ga-de, rhé-to-ri-que, rhi-zo-pha-ge, rho-di-a, rhô-ne, rhu-me, ma-gna-ni-me; bo-lo-gne, rè-gne-ra, ba-gni-è-re, di-gni-té, ma-gni-fi-que, ma-gné-ti-que, i-gna-re, ré-pu-gne, ma-li-gni-té, pi-gno-ra-ti-ve, i-gno-ble, i-gno-ré, ro-gnu-re.

N.° 5.

Syllabaire à articulations polysymphoniennes, ou composé et direct.

	br	cr	chr	dr	fr	phr	gr	pr	tr	thr	vr	scr	spr	str.
a	bra	cra	chra	dra	fra	phra	gra	pra	tra	thra	vra	scra	spra	stra.
e	bre	cre	chre	dre	fre	phre	gre	pre	tre	thre	vre	cre	spre	stre.
i	bri	cri	chri	dri	fri	phri	gri	pri	tri	thri	vri	scri	spri	stri.
o	bro	cro	chro	dro	fro	phro	gro	pro	tro	thro	vro	scro	spro	stro.
u	bru	cru	chru	dru	fru	phru	gru	pru	tru	thru	vru	scru	spru	stru.

EXERCICE SUR LE N.° 5.

Bra-gue, bra-mi-ne, bra-su-re, bra-va-de, bra-ve, cra-pu-le, cra-tè-re, cra-va-te, dra-gé-e, dra-ma-ti-que, dra-pe-ri-e, fra-cas, fra-gi-li-té, fra-tri-ci-de, phra-se, gra-bat, gra-bu-ge, gra-ce, gra-ni-te, gra-phi-que, gra-pho-mè-tre, gra-ti-tu-de, gra-vi-té, gra-vu-re, pra-li-ne, pra-me, pra-ti-ca-ble, pra-ti-que, tra-cas, tra-fi-que, tra-gi-que, tra-me, tra-pè-ze, tra-pé-zo-i-de, tra-pu, tra-qué, de-vra, re-ce-vra, stra-ta-gè-me, stra-to-cra-te, stra-to-gra-phe, bre-bis, brè-che, bre-lo-que, bre-lu-che, brè-ve-té, cré-a-tu-re, cré-é, crê-me, cré-du-li-té, cre-ne-lu-re, cre-pa-ge, cré-pi-ne, chrê-me, drè-ge, phè-dre, fré-ga-te, fré-la-té, fre-lu-che, frè-re, fré-té, phré-né-ti-que, gre-di-ne, gre-lot, gre-na-de, grè-ve, pré-a-la-ble, pré-cé-dé, pré-ci-pi-ce, pré-co-ce, pré-fa-ce, pré-di-ra, pré-ju-di-ce, pré-ju-gé, pré-ma-tu-ri-té, pre-na-ble, pré-sa-ge, pré-si-da, prê-tre, pré-tu-re, pré-vo-té, tré-bu-ché, trè-fle, trè-ma, tré-pa-né, tré-pi-gné, tré-so-re-ri-e, trè-ve, li-vre, lè-vre, spré-e, a-stre, stré-litz, bri-co-le, bri-de, bri-ga-de, bri-gno-le, bri-o-che, bri-que, bri-su-re, cri-ble, cri-blu-re, cri-me, cri-ni-è-re, cri-se, chri-e, cri-ti-que, chry-sa-li-de, chry-so-li-the, fri-a-ble, fri-go-ri-fi-que, fri-pe-ri-e, fri-tu-re, fri-vo-le, phry-gi-e, gri-è-ve-té, gri-ma-ce, gri-sâ-tre, gri-ve, pri-è-re, pri-mi-ti-ve, pri-o-ri-té, pri-vi-lè-ge, tri-a-lo-gue, tri-bu-ne, tri-co-ta-ge, tri-go-no-mè-tre, tri-pli-ci-té, tri-po-li, tri-rè-gne, scri-be, stri-é, stri-u-re, bro-chu-re, bro-dé, bro-mo-gra-phi-e, cro-co-di-le, cro-qui-gno-le, chro-no-mè-tre, chro-no-lo-gi-e, chro-ni-que, dro-gue, drô-le, fro-ma-ge, é-pa-phro-di-te, gro-gne, pro-ba-ble, pro-cé-dé, pro-cré-a, pro-cé-du-re, pro-fa-ne, pro-gé-ni-tu-re, pro-lo-gue, pro-pa-gé, pro-phé-ti-que, pro-me-na-de, pro-po-sa-ble, pro-prè-té, pro-ra-ta, pro-to-co-le, pro-xi-mi-té, tro-phé-e, tro-pi-que, scro-fu-les, stro-phe, brû-lu-re, brume, bru-ta-li-té, cru-che, cru-di-té, cru-za-de, dru-i-de, fru-ga-li-té, gru-gé, pru-de-rie, pru-ne, tru-ché, tru-i-te, scru-pu-le, scru-té, etc,

N° 6.

Syllabaire polyphonien, représenté par deux lettres et plus,
suivi de L mouillé.

an en » ent eu œu » ei ai aient » in
ain ein » au eau oi oin on ou » un
alie   élie   ilie   oulie   eulie.
ail eil il ouil euil.

EXERCICE SUR LE N° 6.

a,   a-me, a-na-lo-gi-e, a-no-ma-li-e, a-po-co-pe, a-pô-tre, a-ra-be.
an,   am-bre, an-cre, an-dan-te, an-ge, an-ti-po-de, an-go-ra, an-cra-ge.
en,   en-cre, en-can, en-ca-vé, en-cen-sé, em-blê-me, en-fan-ce, en-ra-gé.
e,   re-de-man-de, je te don-ne-rai ce que tu de-si-re-ras; la mè-re blâ-me ce vi-ce.
ent,   ils ai-ment, ils po-sent, ils pla-cent, ils dan-sent, ils chan-tent, ils man-gent.
eu,   eu-co-lo-ge, heu-reux, eu-nu-que, eu-pho-ni-e, eu-ro-pe, meu-le, peu-ple.
œu,   œuf, œu-vre, bœuf, chœur, mœurs, ma-nœu-vre, cœur, sœur, nœud, vœu.
è,   mê-me, blê-me, fê-te, pro-blê-me, po-ê-me, ca-rê-me, tê-te.
ei,   bei-gnet, cei-gna, nei-ge, pei-ne, rei-ne, sei-gle, sei-ne, veine.
ai,   ai-de, ai-gle, ai-mant, ai-san-ce, bai-se, fai-te, lai-ta-ge, mai-tri-se.
aient, ils ai-maient, ils fi-laient, ils je-taient, ils chan-taient, ils dan-saient.
in,   in-ca-pa-ci-té, in-cré-du-li-té, in-cu ra-ble, in-fâ-me, in-gra-ti-tu-de.
ain,   ainsi, es-saim, bain, main-te-nant, pain, de-main, pu-bli-cain, ro-main.
ein,   cein-tu-re, fein-te, pein-dre, tein-dra, tein-tu-re, rein, sein, se-rein.
o,   o-bo-le, o-mé-ga, o-ni-ro-po-le, o-no-ma-to-pé-e, o-ra-ge, or-to-lan.
au,   au-bai-ne, au-ban, au-da-ce, au-mô-ne, au-pa-ra-vant, au-ro-re.
eau,   beau, co-teau, gâ-teau, ha-meau, ju-meau, la-pe-reau, man-teau, peau.
oi,   oi-seau, boi-re, ar-doi-se, foi-re, loi-si-ble, ar-moi-re, noi-râ-tre, poi-re.
oin,   oin-te, coin, foin, goin-fre, join-tu-re, loin-tain, moin-dre, poin-dre.
on,   on-de, om-bre, on-gle, on-ze, bon-té, con-fi-tu-re, don-jon, fou-tai-ne.
ou,   ou-ra-gan, bou-chon, bou-ton, cou-cou, dou-blon, fou-gue, gou-lu.
un,   cha-cun, l'un, com-mun, a-lun, op-por-tun, brun, dé-funt, im-por-tun.
ail,   ail-la-de, bail, cail-lou, fail-li-te, mail-le, pail-le, rail-le-ri-e, sail-li.
eil,   meil-leu-re, o-reil-le, or-seil-le, pa-reil-le, teil-le, ré-veil, ap-pa-reil.
il,   bil-le, dril-le, gril-le, famil-le, fil-le, che-nil-le, pé-ril, quil-le, sil-lon.
ouil, bouil-lon, an-douil-le, fouil-le, gre-nouil-le, mouil-le, que-nouil-le.
euil, deuil, or-gueil, fau-teuil, seuil, veuil-le, cueil-le-ra, re-cueil, feuil-le.

Syllabaire simple et direct, monophonien et polyphonien, suivi de l mouillé.

a	ba	ca	da	fa	ga	ha	ja	ka	la	ma	na	pa	qua	ra	sa	ta	va	xa	za
an	ban	can	dan	fan	gan	han	jan	kan	lan	man	nan	pan	quan	ran	san	tan	van	xan	zan
en	ben	cen	den	fen	gen	hen	jen	ken	len	men	nen	pen	quen	ren	sen	ten	ven	xen	zen
e	be	ce	de	fe	ge	he	je	ke	le	me	ne	pe	que	re	se	te	ve	xe	ze
ent	bent	cent	dent	fent	gent	hent	jent	kent	lent	ment	nent	pent	quent	rent	sent	tent	vent	xent	zent
eu	beu	ceu	deu	feu	geu	heu	jeu	keu	leu	meu	neu	peu	queu	reu	seu	teu	veu	xeu	zeu
œu	bœu	cœu	dœu	fœu	gœu	hœu	jœu	kœu	lœu	mœu	nœu	pœu	quœu	rœu	sœu	tœu	vœu	xœu	zœu
è	bê	cê	dê	fê	gê	hê	jê	kê	lê	mê	nê	pê	quê	rê	sê	tê	vê	xè	zê
ei	bei	cei	dei	fei	gei	hei	jei	kei	lei	mei	nei	pei	quei	rei	sei	tei	vei	xei	zei
ai	bai	cai	dai	fai	gai	hai	jai	kai	lai	mai	nai	pai	quai	rai	sai	tai	vai	xai	zai
aient	baient	caient	daient	faient	gaient	haient	jaient	kaient	laient	maient	naient	paient	quaient	raient	saient	taient	vaient	xaient	zaient
i	bi	ci	di	fi	gi	hi	ji	ki	li	mi	ni	pi	qui	ri	si	ti	vi	xi	zi
in	bin	cin	din	fin	gin	hin	jin	kin	lin	min	nin	pin	quin	rin	sin	tin	vin	xin	zin
ain	bain	cain	dain	fain	gain	hain	jain	kain	lain	main	nain	pain	quain	rain	sain	tain	vain	xain	zain
ein	bein	cein	dein	fein	gein	hein	jein	kein	lein	mein	nein	pein	quein	rein	sein	tein	vein	xein	zein
o	bo	co	do	fo	go	ho	jo	ko	lo	mo	no	po	quo	ro	so	to	vo	xo	zo
au	bau	cau	dau	fau	gau	hau	jau	kau	lau	mau	nau	pau	quau	rau	sau	tau	vau	xau	zau
eau	beau	ceau	deau	feau	geau	heau	jeau	keau	leau	meau	neau	peau	queau	reau	seau	teau	veau	xeau	zeau
oi	boi	coi	doi	foi	goi	hoi	joi	koi	loi	moi	noi	poi	quoi	roi	soi	toi	voi	xoi	zoi
oin	boin	coin	doin	foin	goin	hoin	join	koin	loin	moin	noin	poin	quoin	roin	soin	toin	voin	xoin	zoin
on	bon	con	don	fon	gon	hon	jon	kon	lon	mon	non	pon	quon	ron	son	ton	von	xon	zon
ou	bou	cou	dou	fou	gou	hou	jou	kou	lou	mou	nou	pou	quou	rou	sou	tou	vou	xou	zou
u	bu	cu	du	fu	gu	hu	ju	ku	lu	mu	nu	pu	qua	ru	su	tu	vu	xu	zu
un	bun	cun	dun	fun	gun	hun	jun	kun	lun	mun	nun	pun	quun	run	sun	tun	vun	xun	zun
ail	bail	cail	dail	fail	gail	hail	jail	kail	lail	mail	nail	pail	quail	rail	sail	tail	vail	xail	zail
eil	beil	ceil	deil	feil	geil	heil	jeil	keil	leil	meil	neil	peil	queil	reil	seil	teil	veil	xeil	zeil
il	bil	cil	dil	fil	gil	hil	jil	kil	lil	mil	nil	pil	qullil	ril	sil	til	vil	xil	zil
ouil	bouil	couil	douil	fouil	gouil	houil	jouil	kouil	louil	mouil	nouil	pouil	quouil	rouil	souil	touil	vouil	xouil	zouil
euil	beuil	ceuil	deuil	feuil	geuil	heuil	jeuil	keuil	leuil	meuil	neuil	peuil	queuil	reuil	seuil	teuil	veuil	xeuil	zeuil

EXERCICE SUR LE N° 7.

Ba-lei-ne, ca-co-pho-nie, ca-ra-va-ne, da-moi-seau, fa-na-ti-que, ga-lo-pa-de, ha-bi-ta-ble, ja-bot, ka-ra-ta, la-tin, ma-ré-ca-geu-se, na-cre, pa-ra-phra-se, qua-dra-tu-re, ra-fi-na-ge, sa-ga-ci-té, ta-bla-tu-re, va-che, xa-ti-va, zagara; bam-bin, can-ton, dan-ge-reux, fan-fa-ron, gan-grè-ne, han-che, jam-bon, lan-ga-ge, man-da-rin, nan-ti, fi-nan-ce, pan-do-re,

SUITE DE L'EXERCICE DU N° 7.

ran-çon, vé-té-ran, san-da-le, ar-ti-san, sa-tan, van-té, di-van, xan-ti-pe, zam-be, a-le-zan ; cen-dre, deu-tu-re, fen-dre, gen-dre, hen-dé-ca-go-ne, jen-gan, len-te, men-ton, pen-dant, sen-ten-ce, ven-dre-di, xen·si, zem-ble; la pe-ti-te ja-ve-li-ne de ce fa-meux hé-ros me fait ri-re de sa me-na-ce ; ils tom-bent, ils me-na-cent, ils ten-dent, ils dé-gra-fent, ils man-gent, ils brû-lent, ils ai-ment, ils dé-jeu-nent, ils cou-pent, ils fa-bri-quent, ils a-do-rent, ils pen-sent, ils gâ-tent, ils bra-vent, ils fi-xent, ils ra-sent, ils ja-sent; beu-glant, cha-leu-reux, deu-té-ro-no-me, feu-da-tai-re, fan-geux, é-meu-te, pleu-ve, neu-tre, peu-reux, chef-d'œu-vre, dia-dê-me, con-quê-te, dé-ca-mè-tre, hé-bê-te, en-quê-te, prê-tant, ex-trê-me, mê-lé, nê-fle, su-prê-me, bei-ge, hëi-du-que, lei-che, nei-geux, pei-neux, rei-tre, vei-neux, bai-ram, cai-re, fai-san, gai-ne, hai-neux, mai-dan, naî-tra, pai-si-ble, quai-che, rai-sin, sai-son, to-kai, ho-no-rai-re, mo-né-tai-re, ils tom-baient, ils fen-daient, a-gra-faient, lo-geaient, vo-laient, ri-maient, venaient, du-paient, pi-quaient, do-raient, vi-saient, ô-taient, vi-vaient, fi-xaient, ra-saient, bi-ri-bi, dif-fi-ci-le, gi-ron, li-mi-tro-phe, ni-ai-se-ri-e, ti-mi-di-té, vi-zi-rat; lam-bin, cin-quan-te, cin-tre, din-don, im-po-li, in-crédule, in-fi-ni, in-qui-é-tu-de, in-vin-ci-ble, lin-got, min-ce, pin-ta-de, quin-qui-na, rin-ce, sin-ge, tin-té, vin, zin-zo-lin ; bai-se-main, ai-rain, sou-dain, fo-rain, hu-main, pu-ri-tain, di-zain, é-cri-vain, su-ze-rain, at-tein-te, en-cein-te, gein-dre, dé-tein-dre, sein ; bo-zan, co-quin, do-mi-no, fo-lâ-tre, ho-mo-pho-ni-e, no-ble, po-teau, ro-seau, so-no-re, to-que, vo-que, zo-o-li-the, bau-me, cau-da-tai-re, dau-phin, fau-ve, gau-che, mau-di-re, nau-fra-ge, pau-vre, lau-des, rau-que, sau-ce, tau-reau, vau-tré, tom-beau, ca-deau, fu-seau, gé-meau, boi-leau, chai-neau, cha-peau, poi-reau, ra-teau, veau; boi-re, doi-te, gloi-re, foi-son, mé-moi-re, cha-noi-ne, poi-tri-ne, roi-di, soi-ré-e, toit, en-voi, voi-sin, oin-dre, con-joint, em-bon-point, té-moin, join-dre, ta-la-poin, con-voi, bon, don-don, gon-flé, hon-teu-se, lon-gue, dé-mon, non-ce, on-cle, pon-ce, ron-ce, son-de, ton-du, a-ca-jou, bam-bou, bi-jou, a-ma-dou, hi-bou, ma-tou, pé-rou, sa-pa-jou, to-pi-nam-bou, tou-tou, fa-roü-che, bou-che, fou-dre; cu-pi-don, du-cat, fu-me-ron, ju-non, mu-tin, nu-an-ce, pu-ce-ron, ru-ban, su-tu-re, tu-feau, au-tun, tri-bun, par-fum, lou-dun, ver-dun; bail-lon, ca-mail, cail-le, é-cail-leu-se, gail-lar-de, vo-lail-le, mail-lot, mé-dail-le, rail-le-rie, ca-nail-le, ri-pail-le, ba-tail-le, ou-ail-le, tra-vail-le; a-beil-le, so-leil, vi-eil-le, bou-teil-le, gro-seil-le, é-veil-lé; ba-bil, nom-bril, ba-ril, an-guil-le, ca-mo-mil-le, cé-dil-le, gue-nil-le, pa-co-til-le, va-nil-le, che-vil-le, ha-bil-le-ra, mil-lon, co-che-nil-le, fu-sil-le-ra, bil-lant, bre-douil-le, dé-pouil-le, gri-bouil-le, houil-le, a-ge-nouil-lé, ga-zouil-le, re-fouil-le, re-mouil-lant, cer-cueil, lin-ceuil, por-te-feuil-le, re-cueil-le-ra, chè-vre-feuil-le, cer-cueil, or-gueil-leux, œil.

N° 8.

Syllabaire composé et direct, monophonien et polyphonien.

	bla	cla	fla	gla	pla	psa	sca	spa	spla	squa	sta	pha	tha	cha	gna
a	bla	cla	fla	gla	pla	psa	sca	spa	spla	squa	sta	pha	tha	cha	gna
an	blan	clan	flan	glan	plan	psan	scan	span	splan	squan	stan	phan	than	chan	gnan
en	blen	clen	flen	glen	plen	psen	scen	spen	splen	squen	sten	phen	then	chen	gnen
e	ble	cle	fle	gle	ple	pse	sce	spe	sple	sque	ste	phe	the	che	gne
ent	blent	clent	flent	glent	plent	psent	scent	spent	splent	squent	stent	phent	thent	chent	gnent
eu	bleu	cleu	fleu	gleu	pleu	pseu	sceu	speu	spleu	squeu	steu	pheu	theu	cheu	gneu
ê	blé	clé	flé	glé	plé	psé	scé	spé	splé	squé	sté	phé	thé	ché	gné
ei	blei	clei	flei	glei	plei	psei	scei	spei	splei	squei	stei	phei	thei	chei	gnei
ai	blai	clai	flai	glai	plai	psai	scai	spai	splai	squai	stai	phai	thai	chai	gnai
aient	blaient	claient	flaient	glaient	plaient	psaient	scaient	spaient	splaient	squaient	staient	phaient	thaient	chaient	gnaient
i	bli	cli	fli	gli	pli	psi	sci	spi	spli	squi	sti	phi	thi	chi	gni
in	blin	clin	flin	glin	plin	psin	scin	spin	splin	squin	stin	phin	thin	chin	gnin
ain	blain	clain	flain	glain	plain	psain	scain	spain	splain	squain	stain	phain	thain	chain	gnain
o	blo	clo	flo	glo	plo	pso	sco	spo	splo	squo	sto	pho	tho	cho	gno
au	blau	clau	flau	glau	plau	psau	scau	spau	splau	squau	stau	phau	thau	chau	gnau
eau	bleau	cleau	fleau	gleau	pleau	pseau	sceau	speau	spleau	squeau	steau	pheau	theau	cheau	gneau
oi	bloi	cloi	floi	gloi	ploi	psoi	scoi	spoi	sploi	squoi	stoi	phoi	thoi	choi	gnoi
on	blon	clon	flon	glon	plon	pson	scon	spon	splon	squon	ston	phon	thon	chon	gnon
ou	blou	clou	flou	glou	plou	psou	scou	spou	splou	squou	stou	phou	thou	chou	gnou
u	blu	clu	flu	glu	plu	psu	scu	spu	splu	squu	stu	phu	thu	chu	gnu

EXERCICE SUR LE N° 8.

Bla-son, cla-bau-da-ge, cla-quant, flâ-mant, gla-çon, gla-neu-se, plâ-fond, sca-lè-ne, sca-pu-lai-re, sca-ron, sla-bre, spa-ci-eux, pha-é-ton, pha-leu-que, blan-châ-tre, co-blentz, bleu-â-tre, af-fa-ble, ils dou-blent, blê-me, blei-me, blai-reau, ils ac-ca-blaient, blin-dé, blo-cus, ta-bleau, blois, blon-din, blou-se, blu-teau, cla-ve-cin, es-clan-dre, bâ-clant, bou-cle, ils bou-clent, pa-ra-de, clai-re-ment, ils ra-claient, cli-ent, clin-quant, clain, clo-séau, clau-se, clou-é, en-clu-me ; fla-con, flam-beau, souf-fle, ils souf-flent, fleu-rai-son, flè-che, flai-ré, ils ra-flaient, fli-bot, flo-rin, flou, flu-xi-on ; gla-nant, glan-de, a-veu-gle, ils a-veu-glent, gleu-co-me-nc, glè-be, glai-reux, ils san-glaient, glo-bu-leux, glau-cus, gloi-re, glou-ton, glu-au, pla-teau, pla-taiu, tri-ple, ils tri-plent, pleu-ré-sie, pleu-vant, plè-be, plei-ne, ils peu-plaient, pli-eu-se, plin-the, com-plot, plau-si-ble, em-ploi, plon-geon,

SUITE DE L'EXERCICE DU N° 8.

plu-ton ; psal-mo-diant, pseu-do-ny-me, pso-ra, psau-me ; sca-breux, scan-da-
le, scè-ne, sci-en-ce, scin-til-le, sco-la-ri-té, sceau, spa-hi, span-daw, spé-ci-eux,
spi-ri-tu-eux, spo-li-ant, spon-da-ï-que, spon-gi-eux, spon-ta-né ; splen-di-
de, splé-ni-que, squi-nan-ci-e, squir-rheux, sta-ble, sta-tu-ai-re, stan-ce,
sten-to-ré-e, tri-ste, ils at-tri-stent, ils in-cru-staient, sti-pen-di-ai-re, in-stinct,
sto-ï-que-ment, re-stau-rant, pi-ston, bi-stou-ri, pha-lan-ge, pha-ra-on, pa-ra-
phe, ils pa-ra-phent, phi-lo-so-phant, po-ly-phê-me, ils tri-om-phaient, phi-
lan-thro-pe, sé-ra-phin, pho-spho-re, tri-om-phons, phy-si-que-ment, phy-si-
o-lo-gi-e, phlé-gé-ton, phlé-bo-to-mi-sant, phlo-gi-sti-que, phlo-go-se, spha-
cè-le, sphé-no-ï-de, sphé-ri-que-ment, pla-ni-sphè-re, sphinx, sphon-dy-le,
or-phe-lin, o-phi-o-pha-ge, é-pi-pho-re, é-phê-be, é-phé-mê-re, é-pho-res,
é-pi-pha-ni-e, é-pi-tha-la-me, au-then-ti-que, a-thé-e, thé-â-tre, é-pi-thè-te,
an-thi-o-pe, an-ti-thè-se, an-tho-lo-gi-e, plé-tho-re, or-tho-do-xe, or-tho-gra-
phe, or-tho-pé-di-e, thau-ma-tur-ge, an-ti-pa-thi-que, thé-an-dri-que, thé-
bain, o-thon, thé-sau-ri-sant, thou-ars, thu-ri-fé-rai-re, cha-leu-reu-se, cha-lu-
meau, cha-lou-pe, cham-pi-gnon, chan-ceux, chan-vre, che-veu, ils tou-chent,
fâ-cheux, chê-neau, chai-non, ils mâ-chaient, chi-en-dent, chi-fon, chin-fre-
neau, pro-chain, cho-quant, chau-dron, chau-mant, ar-ti-chaut, mâ-choi-re,
mâ-chons, chou-ra-ve, chu-cho-tant, i-gna-re, ro-gnant, rè-gne, ils rè-gnent,
soi-gneux, pei-gnit, ils ré-pu-gnaient, com-pa-gni-e, com-pa-gno-na-ge, a-
gneau, ci-go-gneau, bai-gnoi-re, gro-gnon, ro-gnon, si-gna-tu-re, ro-gnu-re.

Quand Philippe vit le beau cheval que sa maman tenait à sa main, il se mit
à rire et à sauter de joie, parce qu'il s'imagina que ce cheval avait été acheté
pour lui.

—Viens, mon petit enfant, lui dit sa maman, je suis très contente de toi de-
puis trois semaines, tu lis très bien, tu étudies bien ta leçon, tu fais tout ce
que tu peux pour bien écrire, c'est ce qui m'a décidée à te donner une récompense, en achetant pour toi ce beau joujou.

Philippe, encouragé par un aussi joli présent, fit de nouveaux progrès,
obtint de nouveaux joujous ; c'est ainsi que lui et sa maman furent toujours de
plus en plus satisfaits l'un de l'autre.

Voilà comme l'on récompense les petits enfans qui sont bien sages, bien
obéissans et bien laborieux.

N.° 9.

Syllabaire composé et direct, monophonien et polyphonien,
suivi de L mouillé.

a	bra	cra	dra	fra	gra	pra	tra	vra	stra
an	bran	cran	dran	fran	gran	pran	tran	vran	stran
en	bren	cren	dren	fren	gren	pren	tren	vren	stren
e	bre	cre	dre	fre	gre	pre	tre	vre	stre
ent	brent	crent	drent	frent	grent	prent	trent	vrent	strent
eu	breu	creu	dreu	freu	greu	preu	treu	vreu	streu
è	brê	crê	drê	frê	grê	prê	trê	vrê	strê
ei	brei	crei	drei	frei	grei	prei	trei	vrei	strei
ai	brai	crai	drai	frai	grai	prai	trai	vrai	strai
aient	braient	craient	draient	fraient	graient	praient	traient	vraient	straient
i	bri	cri	dri	fri	gri	pri	tri	vri	stri
in	brin	crin	drin	frin	grin	prin	trin	vrin	strin
ain	brain	crain	drain	frain	grain	prain	train	vrain	strain
ein	brein	crein	drein	frein	grein	prein	trein	vrein	strein
o	bro	cro	dro	fro	gro	pro	tro	vro	stro
au	brau	crau	drau	frau	grau	prau	trau	vrau	strau
eau	breau	creau	dreau	freau	greau	preau	treau	vreau	streau
oi	broi	croi	droi	froi	groi	proi	troi	vroi	stroi
oin	broin	croin	droin	froin	groin	proin	troin	vroin	stroin
on	bron	cron	dron	fron	gron	pron	tron	vron	stron
ou	brou	crou	drou	frou	grou	prou	trou	vrou	strou
u	bru	cru	dru	fru	gru	pru	tru	vru	stru
un	brun	crun	drun	frun	grun	prun	trun	vrun	strun
ail	brail	crail	drail	frail	grail	prail	trail	vrail	strail
eil	breil	creil	dreil	freil	greil	preil	treil	vreil	streil
il	bril	cril	dril	fril	gril	pril	tril	vril	stril
ouil	brouil	crouil	drouil	frouil	grouil	prouil	trouil	vrouil	strouil
euil	breuil	creuil	dreuil	freuil	greuil	preuil	treuil	vreuil	streuil

EXERCICE SUR LE Nº 9.

Bra-main, bra-vou-re, bran-che, bran-dil-loi-re, bran-don, bren-te, bre-lan, nom-bre, ils nom-brent, breu-va-ge, brê-me, brai-ra, ils tim-braient, bri-gan-tin, brim-bo-ri-on, bro-de-quin, broi-e-ra, bron-ze, brou-ha-ha, brû-lant, teint-brun, brail-lant, bril-lé, brouil-lon, breuil; cra-chant, cram-pon, con-sa-cré, ils con-sa-crent, creu-sa, crê-che, crai-gnit, ils sa-craient, cri-ail-leu-se, cri-sto-pha-ge, crin, crain-draient, cro-qui-gno-le, croi-sa-de, sa-crons, dé-san-crons, croû-ton, crou-lant, cru-chon, cru-au-té, dra-gon, ca-dran, dre-lin, cy-lin-dre, ils cy-lin-drent, pou-dreux, drê-che, câ-drai, ils ten-draient, ma-drid, flan-drin, drô-le-ment, per-dreau, en-droit, ten-dron; dru-i-de, drou-i-ne, dril-le, qua-dril-le, sou-fra; fram-boi-se, fran-chi-se, fre-don, sou-fre, ils souf-frent, af-freux, frê-ne, fraî-che, ils of-fraient, fri-can-deau, frin-gant, re-frain, frein, fro-ment, frau-deu-se, froi-du-re, fron-ton, frou-é; gra-din, gran-di, gre-nail-le, é-mi-gre, ils é-mi-grent, grê-le, grai-ne, ils é-mi-graient, gri-moi-re, bou-lin-grin, cha-grin, grain, gro-gnon, gron-deu-se, grou-pe, gru-meau, grail-lon, gril-le, grouil-lant; pra-li-nant, pren-dre, pre-nant, preu-ve, prê-chant, prai-ri-e, ils rom-praient, pri-mau-té, prin-ci-pau-té, prin-temps, pro-fon-de, pro-pen-si-on, proi-e, prompt, prou-vant, pru-den-ce, em-prunt; tra-ban, tra-hi-son, tran-chant, tran-tran, tren-tai-ne, trem-plin, a-pô-tre, ren-tre, ils ren-trent, ma-len-con-treux, très, trei-ze, traî-tre, traî-neau, traî-treu-se-ment, ils com-bat-traient, tri-che, tri-dent, trin-gle, trin-quons, train, trô-ne, tro-queu-se, oc-troi, trom-pe, tron-çon, trou-ble, trou-peau, trou-vail-le, tru-meau, poi-trail, en-trail-les, treil-la-ge, treil-le, tril-lon, pa-trouil-le, ci-trouil-le, treuil, mon-treuil, ou-vra-ge, cou-vrant, pau-vre, ou-vre, ils ou-vrent, fi-è-vreu-se, vrai, ils re-cou-vraient, dé-cou-vrit, che-vro-tain, le-vraut, che-vreau, ou-vroir, che-vron, che-vril-lard, vril-le, bou-vreuil, che-vreuil; stra-mo-ni-um, stra-bi-sme, stran-gu-ri-e, mi-ni-stre, ils ad-mi-ni-strent, stré-litz, stri-bord, a-streint, stron-gle, pla-stron, stuc-tu-re.

N° 10.

Syllabaire direct et inverse, monophonien et polyphonien.

bal	cal	dal	fac	gal	hal	jac	kar	lac	mal	nal	pal	quar	rab	sal	tac	val	chal	stal
bas	clar	dras	phar	gram	hans	jar	krem	lands	mant	nar	par	quang	rac	sanc	tar	var	char	stras
beur	ceur	deur	feur	gueur	heur	jeur	......	leur	meur	neur	peur	queur	reur	seur	teur	veur	cheur	steur
ber	cer	der	fleg	ger	her	jes	ker	lec	mer	nec	pec	quel	rec	sec	ter	ver	cher	ster
bais	cais	dais	fais	grais	hes	jais	.....	lais	meis	nais	pres	quer	rais	seis	tais	vais	cheik	.....
bis	ois	dis	fis	gis	bis	jis	kis	lis	mis	nis	pis	quis	ris	sis	tis	vis	chis	stil
bor	cor	dor	for	gor	hor	jor	kos	lor	mor	nor	por	.....	ros	sor	tor	vol	chor	scor
bros	cros	....	frot	gros	haus	....	.....	lauf	maus	....,	peaus	.....	raud	saul	taus	.....	chaus	.....
bour	cour	dour	four	gour	hour	jour	.....	lour	mour	nour	pour	.....	rous	sour	tour	vous	.....	stou
bul	cul	dul	ful	gut	hur	jus	kur	lus	mul	nul	pul	.....	rup	sub	tur	vul	.....	struc

EXERCICE SUR LE N° 10.

Bal-da-quin, bal-con, bal-zan, bar-bouil-leur, bar-deur, bas-son, la-beur, hâ-bleur, berlin, ber-ceau, bais-se, su-bis-sant, bis-cuit, bor-da-ge, bor-de-reau, bros-se-ri-e, bour-beux, bour-don, bour-ra-sque, brous-sail-les, bul-be, bur-le-sque; cal-cu-la-teur, clar-té, dou-ceur, far-ceur, cel-ti-que, cer-feuil, cer-cueil, cer-tain, cais-son, cir-cu-lai-re, col-por-teur, cros-seur, crois-san-ce, com-mer-ce, cor-beau, cor-beil-le, cour-ba-tu-re, cour-roux, cour-ti-san, cul-bu-tant, cul-tu-re, cur-sive; dal-ma-tique, dar-dant, dar-tre, pu-deur, can-deur, der-vis, dais, ten-dres-se, dis-si-pa-teur, dis-sol-vant, doc-teur, dog-ma-ti-que, dor-toir, dros-sart, drous-set-tes, ca-val-ca-dour, duc-ti-li-té, dul-ca-ma-ra, dur-cir, dys-sen-te-ri-e; fac-teur, phar-ma-ceu-ti-que, far-deau, coif-feur, sif-fleur, gau-freur, fer-ment, fais-ceau, fleg-ma-ti-que, fil-tre, fol-li-cu-laire, for-ban, for-tu-ne, frac-tu-re, fris-son, frois-su-re, froc, frot-toir, fruc-tu-eux, fruc-ti-dor, ful-mi-nant; gal-li-can, gar-deur, gar-gouil-le, gar-çon, gram-mai-re, dro-gueur, vi-gueur, jon-gleur, ger-be, grais-se, glis-soir, grif-fon, gor-ge, glos-sai-re, gros-seur, gour-din, gour-mand, gut-tu-ral; hal-te, hans-crit, har-dies-se, har-mo-ni-eu-se, heur-tant, mal-heur, hel-vé-ti-que, her-bo-ri-ste, her-ma-phro-di-te, hec-to-gram-me, hes-se, hip-po-cen-tau-re, his-sé, hor-de, hor-reur, hor-lo-ge, haus-se-ment, hour-va-ri, hous-si-ne, hur-lant; jac-tan-ce, jar-din, ma-jeur, man-geur, for-geur, jec-ti-le, jais, ma-jor-do-me, jour-nal; kar-mes-se, krem-lin, ker-mès, kher-son, kil-da-ra, kur-gans; lac-té-e, lands-kro-on, lar-cin, lar-doi-re, las-si-tu-de, cou-leur, va-leur, lec-teur, lais-se, leur-rant, lis-soir, lit-té-ral,

SUITE DE L'EXERCICE SUR LE N° 10.

lorgnant, lauf-fem-bourg, lour-daud, lut-te; ma-me-luck, mal-bâ-ti, mal-fai-sant, mant-chou, mar-chand, mar-gra-ve, mar-teau, par-fu-meur, ru-meur, meur-tre, mer-cre-di, mer-cu-re, mes-si-dor, mol-les-se, mor-dant, maus-sa-de, a-mour, mul-ti-tu-de; fa-nal, nar-guant, nar-ra-teur, hon-neur, son-neur, nec-tar, nais-san-ce, noc-tur-ne, nor-mand, noir-ceur, nour-ri-ce, nul-li-té; quar-ru-re, quar-te-ron, quang-si, vain-queur, tro-queur, quel-qu'un, quer-ci, quit-tan-ce; pal-my-re, pal-mi-ste, par-che-min, par-don, par-ju-re, par-me-san, cou-peur, tor-peur, péc-to-ral, per-drix, per-met-tre, per-spec-tif, per-tur-ba-teur, pres-sé, por-ta-ge, por-trait, pos-ses-seur, pois-son, pour-point, pour-tour, pour-voir, pais-sant, plis-su-re, peaus-se-ri-e, pul-mo-ni-que, pul-ve-rin, pur-ga-toi-re; rab-do-lo-gue, rac-cour-ci, rap-por-teur, do-reur, fu-reur, rec-tan-gle, res-sor-tir, pa-rais-se, raud-nitz, rous-seur, rup-tu-re; sal-pê-tre, sanc-tu-ai-re, sar-ca-sme, sar-co-pha-ge, sar-do-ni-que, dan-seur, cau-seur, pro-vi-seur, sec-ta-teur, sep-tu-ple, ser-pen-teau, ré-us-sis-sant, sol-dat, sol-va-ble, sol-sti-ce, saul-gen, somp-tu-eux, sor-di-de, soup-çon, sour-di-ne, sub-stan-tif, suc-cur-sal, sul-tan, sur-nom, sus-pen-sif, struc-tu-re; tac-ti-que, tal-mud, tar-dif, tar-tu-fe, doc-teur, dic-ta-teur, ter-reur, tex-te, tis-se-rand, tor-chon, tour-bil-lon, tour-te-rel-le, tur-ban; tur-lu-pin; var-lo-pe, vas-sal, bu-veur, fer-veur, sau-veur, ver-deur, ver-mis-seau, vir-gu-le, ver-dun, vol-can, vol-te, vous-su-re, vul-ga-te, me-ré-chal, char-mant, char-bon, char-la-ta-ni-sme, cou-cheur, blan-cheur, pê-cheur, cher-cheur, cher-bourg, gâ-chet-te, cheik, blan-chis-seur, chif-fon-niè-re, chif-freur, chor-ges, chaf-feur, chauf-four, chaus-son; stal-le, stal-mei-stre, cri-stal, spar-te, stras-bourg, con-struc-teur, sou-scrip-teur, ster-nu-ta-toire, scep-tre, spec-ta-cle, ster-ling, stric-te-ment, po-stil-lon, crou-stil-le, scor-bu-ti-que, scor-pion, pa-stou-reau, bi-stou-ri, sculp-tu-re, struc-tu-re, en-ton-noir, in-car-ta-de, mo-nar-que, d'ail-leurs, ar-bris-seau, e-scar-pin; in-struc-tif, ol-fac-toir, u-sur-pa-teur, li-thar-ge, tri-phton-gue, trou-ba-dour, sei-gneur, bai-gneur, ga-gneur, ro-gneur, psal-té-rion, tric-trac.

FIN.

Nota. Gêné par l'espace, j'ai été forcé d'omettre le tableau des prononciations exceptionnelles, mais les maîtres y suppléeront.

Je me propose de faire imprimer mon *Bacada* en tableaux; la collection entière se composera de dix à douze tableaux.

IMPRIMERIE DE Vᵉ THUAU, RUE DU CLOÎTRE-SAINT-BENOÎT, N° 4.